自由の革命

日本の国家戦略と世界情勢のゆくえ

大川隆法
Ryuho Okawa

まえがき

時事的なテーマに価値判断を下《くだ》すのは難しい。

特に宗教のように永《なが》く歴史に記録が遺《のこ》りやすい性質を持つ説法においては、一瞬、地上に映る影を見て、飛び去る鳥の名を断言するのは難しい。

しかし、その困難な仕事を、私は三十年近くやり続けてきた。ソ連邦の崩壊、米国の勝利、冷戦の終結は、一九八六年には予言していた。一九九一年以降は、「バブルつぶしは間違いだ」と繰り返し講演した。北朝鮮の核ミサイルの危険は一九九四年に警告した。近くは二〇〇八年に米連銀議長がリーマン・ショックを「百年に一度の金融災害」と言い、「世界恐慌」が予測される中、世界で一番早く、「世界恐慌は起きない」と断言した。また「オバマ大統領が就任したら、アメリカが世界の警察官をやめる」こと、二〇〇九年には、民主党鳩山政権への警鐘を激しく鳴らした。今、思い返してみて、マクロの判断で間違ったことは一度もない。

さて本書は日本と世界への、未来への警告である。私の意図するところを一人でも多くの人に伝えたいと思う。

二〇一四年　五月二十日

幸福《こうふく》の科学《かがく》グループ創始者兼総裁《そうししゃけんそうさい》

大川隆法《おおかわりゅうほう》

自由の革命　目次

第1章　自由の革命

二〇一四年四月二十日　説法《せっぽう》
大阪府《おおさかふ》・幸福の科学　大阪正心館《しょうしんかん》にて

第2章　愛が時代を動かす

二〇一四年五月十七日　説法
静岡《しずおか》県・幸福の科学　中部正心館にて

第1章

自由の革命

二〇一四年四月二十日　説法《せっぽう》
大阪《おおさか》府・幸福の科学　大阪正心館《しょうしんかん》にて

1　世界は今、戦後体制の大きな転換点《てんかん》に来ている

オバマ大統領来日直前に霊言《れいげん》を収録して政府に情報提供

最近、私が矢継《やつ》ぎ早《ばや》にいろいろな話をしていますので、みなさんも、何をどう勉強したらよいのか分からない状況《じょうきょう》にあるかもしれません。

ただ、世界も今、混沌《こんとん》としており、何が正しいのか、何が間違《まちが》っているのか、何をどうすべきなのか、さっぱり分からない状態になって

います。

日本の総理にしても、大阪《おおさか》に入って日本維新《いしん》の会と選挙協力の話（四月十八日）をしなければいけないかと思えば、衆議院鹿児島《かごしま》2区補選の応援《おうえん》で奄美大島《あまみおおしま》に行って（四月十九日）、すぐに東京に帰ってきたり、アメリカの大統領を迎《むか》えなければいけなかったり（四月二十三日）と、たいへん忙《いそが》しい状

4月23日、オバマ大統領来日直後の夕食会で迎える安倍総理。

況ですが、それで「戦略が練れるかどうか」を考えるに、現在、極《きわ》めて危険な状態にあるのではないかと思います。

そうしたなかにおいて、多少お節介《せっかい》かとは思いつつも、私は、アメリカのオバマ大統領が来日する前に、「どういう気持ちで来るのか」という本心を守護霊《しゅごれい》に訊《き》き（四月十七日）、その話のなかで極論《きょくろん》があって、ロシアのプーチン大統領を批判していたため、翌日（四月十八日）、こちらの守護霊のほうにも意見を訊きました（『オバマ大統領の新・守護霊メッセージ』『プーチン大統領の新・守護霊メッセージ』〔共に幸福の科学出版刊〕参照）。

両方の霊言《れいげん》とも、本として出るのは、オバマ氏来日の日（本説法《せっぽう》三日後の四月二十三日）という微妙《びみょう》なタイミングではありますが、すでに、首相官邸《かんてい》のほうにはその要約が届いています。

つまり、みなさんがその公開霊言を見るのと同じ速度で、首相官邸と外務省関係にも情報は入っているのです（両大統領守護霊メッセージの映像は、ともに四月十八日、全国の幸福の科学支部・精舎《しょうじゃ》等で開示）。

『プーチン大統領の新・守護霊メッセージ』（幸福の科学出版）

『オバマ大統領の新・守護霊メッセージ』（幸福の科学出版）

「これをどのように判断なされるかはお任せしますが、判断の材料としてお使いください」ということで出しているわけです。

幸福の科学が提言する方向に沿って動いている日本の政治

もちろん、これには政治のほうでの判断が加わりますし、今後の日本の政治の責任がありますので、私のほうであれこれと結論を決めるのは、はばかられることではあるでしょうけれども、いちおう、「考えの筋《すじ》はこんなところです」ということをお示しした上で、「どう判断なされますか」と投げているのです。

小なりといえども、「幸福実現党」というものも抱《かか》えている立場上、独立した考えを持っていないわけでもないので、「球としてはこうですが、どう打ちますか」ということについては、政府のほうに投げてあります。それをどのように参考にして動くかは、あちらの判断になるわけですが、今までのところ、「外交戦略」については、だいたい、私が言ってきた方向で動いてきているとは思いますし、外務省や防衛省も同様です。経産省も同じ方向で動いてきています。

したがって、本当は、選挙とは関係なく、日本の政治は、当会が提言している方向で動いているのです。

今、「戦後体制」が存続するかどうかのターニングポイント

今、〝水面下の戦い〟において、日米関係を揺《ゆ》さぶってきている中国、および、急な危機へと陥《おちい》りかかっているロシアとの関係を見据《みす》えて、どう舵《かじ》を取るべきかが難しいところでしょう。

舵を切り損《そこ》なうと、韓国《かんこく》の豪華《ごうか》客船沈没《ちんぼつ》事件ではありませんが、「こんな浅いところで」というような場所であっても、あっという間に沈《しず》んでしまうことも、ないとは言えませんので、非常に難しいことかと思います。

今年（二〇一四年）は『忍耐《にんたい》の法』（幸福の科学出版刊）を説いていますけれども、そういった意味では、かなり耐《た》えながら行かないといけない部分はあるでしょう。耐えつつも、なすべき方向へと少しずつ舵を取っていくことが重要なのではないでしょうか。

言葉を換《か》えて言えば、「戦後体制」そのものが、今後も存続しうるかどうかです。すなわち、「来年、戦後七十年を迎えるに当たり、今までの七十年のままの状況が、今後も続くのかどうか」ということを測る〝試金石《しきんせき》〟が、今、来ようとしてい

大川隆法
Ryuho Okawa
THE LAWS OF PERSEVERANCE
忍耐の法
「常識」を逆転させるために
Never give up!
ネバー・ギブ・アップ！
「忍耐」とは、あなたを「成功」へと導く最大の武器だ。
この一冊で、もっと強くなれる。
「法シリーズ」最新刊!
『忍耐の法』（幸福の科学出版）

るわけです。

これは、日本にとっても、「戦後体制が今後も持続するのか、あるいは、変わっていくのか」という、大きな大きな節目《ふしめ》だと思います。

一般《いっぱん》に、マスコミは、「保守」と「左翼《さよく》」のどちらも、基本的に「現状維持」が好きなのです。あまり大きく変わると、どうしたらよいか分からなくなるため、「右」といえども、「左」といえども、基本的に、「『現状維持』を前提に考えた上で、その立場から少しだけ意見を言う」といった程度のスタンスなので、おそらく、はっきりとした考えは出せないでしょう。

また、学者などは、だいたい終わったことについては分析《ぶんせき》ができても、「今、起きつつあること」「これから来ること」については、「占《うらな》い師ではないから言えない」というような考えだと思います。

なお、評論家等は、自分の立場に立って意見を言うこともありますが、主導的な意見にはなりにくいと言えるのではないでしょうか。

私は、「今、本当に大きなターニングポイントの一つに差し掛《か》かっているのではないか」と思います。

世間《せけん》では判定できない「正しさ」を追究する幸福の科学

日本の政治においては、二〇〇九年に幸福実現党が旗揚《はたあ》げし、それから五年ほど政治運動をしていますが、客観的な情勢としては実を結んでいない状態で、「意見・言論としてのみ、いろいろなところに影響《えいきょう》が出ている」という状況です。

ただ、その影響度がどの程度のものかを推定するならば、残念ながら、「私たち自身の力で大きな舵取りをするまでは、できない状

2009年5月に立党した幸福実現党。外交や経済政策等、一貫して訴え続けている言論が、着実に社会的影響を与えつつある。

況にある」と言わざるをえません。

それは、「多少の〝マスコミ機能〟に、〝地上のデモ隊〟がついたようなレベルで動いている」といったところであって、まことに残念ではありますが、客観的には、「〝正規軍〟として正々堂々《せいせいどうどう》の陣《じん》を張り、国会で意見を言って、国の方針を変える法律をつくったり、政治的言論を堂々と言って、国体を変えたりするところまでは行っていない」と言うほかはないでしょう。

そういう意味で、本章は「自由の革命」と題しましたけれども、当会は、日本転覆《てんぷく》の〝テロ計画〟のようなことはまったく考えていませんので、ご安心ください。極めて平和裡《へいわり》に、思想戦において、言うべきことを言っているだけなのです。

現在の幸福の科学の立場は、どちらかといえば、「一方的な立場に偏《かたよ》って攻撃《こうげき》する」というよりも、「両方をよく見ながら、『真理はどこにあるか』を中心に物事を考えている」というのが実情です。

「真理はいったいどこにあるのか」「どちらが正しいのか」「どういう考え方が正しいのか」ということを調査しつつ、考えを詰《つ》めていき、判定を出していくという姿勢で一貫《いっかん》しています。

例えば、マスコミが判定できないでいるところ、裁判所で審理《しんり》してもなかなか判定ができないところ、あるいは、学者も判定できない、政治家も分からないところなどについて、意見を絞《しぼ》り込《こ》んでいくような作業を行っているわけです。それはそれで、灯台の光のように、闇《やみ》夜《よ》に光を投げかけているものではないかと思います。

2 世界のリーダーシップ争いが今、起きている

宗教裁判化する「STAP《スタップ》細胞《さいぼう》批判」の嘘《うそ》を見抜《みぬ》く

先般《せんぱん》は、まさか、思わず知らず、分子生物学での論争（STAP《スタップ》細《さい》胞《ぼう》問題）に加わらなければいけなくなるとは、私も考えていませんでした（『小保方晴子《おぼかたはるこ》さん守護霊《しゅごれい》インタビュー それでも「STAP細胞」は存在する』『「嫉妬《しっと》・老害・ノーベル賞の三角関数」守護霊を認めな

い理研《りけん》・野依良治《のよりりょうじ》理事長の守護霊による、ＳＴＡＰ細胞潰《つぶ》し霊言《れいげん》』（共に幸福の科学出版刊）参照）。

今年の一月ごろから、いろいろと議論されてはいたようですが、「専門分野がやや違《ちが》うし、ここまで言うのは出すぎか」と思って、じっと我《が》慢《まん》して見ていました。

ただ、マスコミが一斉《いっせい》に言い出すときには間違っている場合が多く、

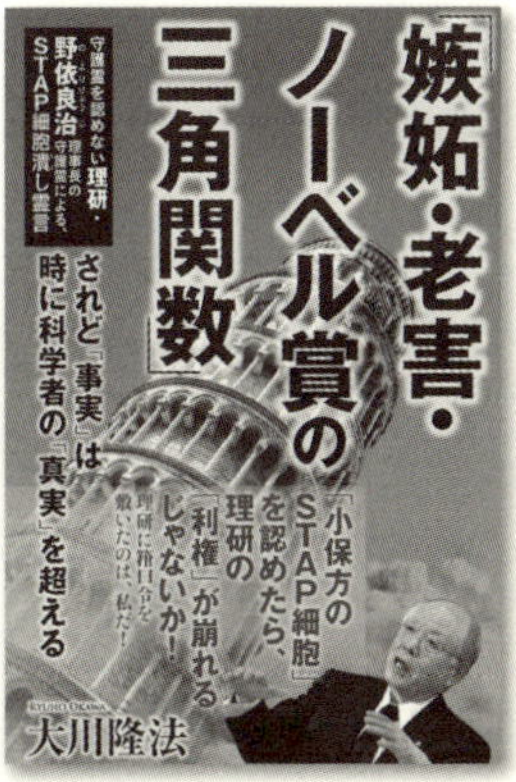

『「嫉妬・老害・ノーベル賞の三角関数」守護霊を認めない理研・野依良治理事長の守護霊による、ＳＴＡＰ細胞潰し霊言』（幸福の科学出版）

『小保方晴子さん守護霊インタビュー　それでも「ＳＴＡＰ細胞」は存在する』（幸福の科学出版）

たいていは反対のことを言うものです。歴史上の宗教裁判のようなものには、もう、私もこりごりしていますが、そのように、みんながワーッと言うときには間違っていることが多いと言えるでしょう。

また、「時の権威《けんい》」のような人が言っていることも、間違っている場合が多いのではないでしょうか。

そのようなわけで、「やはり、言うべきときに言わなければいけないこともある」と思ったのです。専門外だとは思いつつも、「何が正しいか」ということについては、見えないこともありません。

今回は、心理学者まで動員し、「嘘《うそ》を言っているか、言っていないか」とか、いろいろと派手にやっていたようですが、「心理学」といっても、当会の霊査《れいさ》によれば、半分は間違っているわけですから、そんなものに基《もと》づいて学問的に調べているつもりでも、全然、学問的ではないのです（『フロイトの霊言』『「ユング心理学」を宗教分析《ぶんせき》する』〔共に幸福の科学出版刊〕参照）。

「人間として悪いことを考えているのはどちらなのか」「どちらが本心で言っているのか」「自己保身で

『「ユング心理学」を宗教分析する』（幸福の科学出版）

『フロイトの霊言』（幸福の科学出版）

やっているのはどちらか」といったところを見抜《みぬ》き、言うべきことは言ったつもりです。

こういう、マスコミでも政治家でも判定できない内容については、結論的には、当会の言っている方向でいくだろうとは思っています。

沈《しず》みゆくアメリカに代わる「世界のリーダー」争い

そして、STAP細胞問題が終わっていない段階で、オバマ大統領の来日を迎《むか》えるわけですが、来られる前日あたりに何か言っても間に合わないので、少し早めの一週間ぐらい前に、オバマ大統領がどんな意見を言いにくるのかを、守護霊に訊《き》いたのです。

それから、「プーチン大統領の守護霊も来るかな」と思っていたところ、案《あん》の定《じょう》、来たので、こちらの話も聴《き》きました。

そのようなわけで、「両者の意見を同時に公開して読み比べてもらえば、おそらく分かるだろう」と考え、二冊お出しすることにしたわけです。

戦後の日本は、アメリカについていく体制で基本的にはうまくいっていましたし、いまだに、価値観としては、アメリカについていくほうが基本的にやりやすいでしょう。

よく、「国が興《おこ》るのも一人、滅《ほろ》びるのも一人」と言われます。

「オバマ氏はいい人ではあっても、残念ながら、アメリカはだんだん沈《しず》んでいく」というのは、大統領就任前に、私が予想したとおりでした（注。二〇〇八年段階での予言。オバマ氏が大統領になると、アメリカは経済的に伸《の》び悩《なや》み、不況《ふきょう》になると明言。『朝の来ない夜はない』（幸福の科学出版刊）参照）。そういう意味での「悲劇性」のようなものを内包した方ではないでしょうか。

『朝の来ない夜はない』（幸福の科学出版）

彼は、自分の言葉の力に、かなりの自信を持っているようですが、残念ながら、世界がアメリカの言うことをきいていたのは、やはり、「超《ちょう》大国として、アメリカが〝唯一《ゆいいつ》のスーパーパワー〟だから」という面があったのです。自分の〝手〟を縛《しば》った上で、〝口〟だけで説得しようとしても、なかなかそうはいかないのではないかと思います。

今、現実には、「世界のリーダーは誰《だれ》であるのか。あるいは、それが複数であるならば、どういうかたちで話し合うと結論が出るのか」ということをめぐってのリーダーシップ争いが、現実には起きているのです。

以前ならば、アメリカが言ったことについていくしかなかったのが、オバマ大統領だけでなく、習近平《シージンピン》国家主席も意見を言い出しましたし、プーチン大統領も行動を開始しましたし、それから、安倍《あべ》総理も自主的な外交をいろいろと展開し始めましたので、どこがどう動いてくるかが、予断を許さない状況になってきていると思います。

少なくとも、客観的に見るかぎりでは、「オバマ氏がシリア問題等を解決できないで放置しているうちに、結果的に、プーチン氏があっという間に片付けてしまった」ということになっているように、オバマ氏よりプーチン氏のほうが一枚上手《うわて》だということは、政治家の経歴から見てもそうだと思います。彼のほうが判断が速かったのは間違いありません。

そのあと、ロシアは、ウクライナのクリミア半島も、あっという間に編入してしまいました。これは、「戦国時代の武田信玄《たけだしんげん》か、上杉謙《うえすぎけん》信《しん》か」というような速さなので、驚《おどろ》きです。

その後追いで、オバマ大統領は、いろいろと非難したり、「制裁をする」と言ったりしていますが、理論的な筋《すじ》が見えない状況であるのかもしれません。

詳《くわ》しくは、本（前掲《ぜんけい》『プーチン大統領の新・守護霊メッセージ』参照）のなかに書かれているので、お読みいただきたいのですが、「それほど物事は単純ではないらしい」ということは知っておいたほうがよいでしょう。

3　ロシア制裁を強行すれば、「新冷戦構造」ができてしまう

日本が「ロシア制裁」に参加することの「危険性」

今、オバマ大統領は、シリアに続いて、ウクライナ問題でもプーチン大統領のほうに主導権を握《にぎ》られたので、ＥＵにも呼びかけて、ロシアに対する制裁を強めようとしています。もちろん、日本にも強制力がかかっています。

今回、オバマ大統領が日本に来る目的は、ほかにもＴＰＰやアジアの協調外交の話など、いろいろあると思いますが、もう一つには、おそらく、ロシア制裁の問題もあるでしょう。

ただ、一つ知っておかなければならないことは、「日本が強力な意味において、ロシア制裁に参加した場合には、そのあと、中国制裁や北朝鮮《きたちょうせん》制裁などが極《きわ》めて難しくなる」ということです。

「これに対して、アメリカは機能しなくなるだろう」ということが、ほぼ推定されます。

「現状維持《いじ》で先延ばし」というアメリカの基本戦略

さらに、今、安倍《あべ》首相がいちばん疑っているところは何かと言うと、「尖閣《せんかく》で日中の衝突《しょうとつ》が起きたときに、米軍が本当に動くのか」ということです。これを彼は信じ切れないでいるでしょう。外交での行動を見るかぎり、そう思っているはずです。つまり、「東京を攻撃《こうげき》してくるなら、当然ながら米軍は防衛のために動いてくれるが、尖閣ぐらいでは動かないのではないか」という程度に見ているのではないでしょうか。

アメリカは、財政赤字の折、中国に国債《こくさい》をたくさん買ってもらっているため、経済危機を迎《むか》えた場合、「国債を売って、アメリカ経済を揺《ゆ》さぶってやる」などと、中国がいろいろ交渉《こうしょう》し始めるとたまらないので、「話し合い」というかたちで来るだろうと思います。

ただ、「話し合い、話し合い」ということでやっていても、現実には、北朝鮮問題や尖閣問題、竹《たけ》島《しま》問題等も、何らの解決になって

2014年４月下旬、来日したオバマ大統領は、尖閣諸島が日米安全保障条約の適用範囲であることを改めて強調。しかし、中国海警局の船が周辺海域を公然と繰り返し航行している。

いないのは間違《まちが》いないところでしょう。

今回も、そういう趣旨《しゅし》ではありましょうが、「現状維持《いじ》で先延《の》ばし」ということが、オバマ氏の基本戦略と考えてよいかと思います。

これに対して、プーチン氏のほうは、おそらく、かなり〝大きな技《わざ》〟をかけようと考えていることが推定されます。

日本は「新しい冷戦構造」にならないための努力を

このなかで、日本は、「戦後七十年の国際体制」をそのまま遵守《じゅんしゅ》するかたちで、百年目ないしは、それ以降まで行くのか。「日本の戦後体制」も、今までの体制をそのままずっと続けていくのか。あるいは、日本は全然変わらなくても、日本以外の世界各国をめぐる力学の関係は大きく変わっていって、ものの見方を変えなければいけなくなってくるのか。

こうしたことが、今、見るべきところです。宗教家が言うべきことではないかもしれませんが、現実に判断を間違えれば、大きな国家戦略としての誤りが起きます。

オバマ大統領が今、非常に怒《おこ》っているのは分かります。ただ、今回のロシアの動きは、決して「冷戦構造の復活」を目指したものではありません。しかし、圧力のかけ方によっては、下手をすると、ロシア・中国が、もう一度つながり、さらに、イスラム諸国までがつながってまとまり、「ロシア・中国・イスラム圏《けん》」で一つの塊《かたまり》をつくる可能性が極めて高いのです。このような「新しい冷戦構造」ができないとも言えないでしょう。

イスラエルやシリア問題等を絡《から》めて見れば、イスラム圏のほうがそうなってきますので、そういう方向にできないわけではありません。ここは、外交的には非常に難しいところです。

そのように、世界が新しいかたちに二分化して、「新しい冷戦」の構造にならないように、日本は努力をしないといけないと思います。

「ロシア問題」は、日本が仲立ちに入るべき

二〇一四年三月に、ヨーロッパにおいて日米韓《にちべいかん》首脳による三者会談を行った際には、おそらく、アメリカ大統領から、韓国の大統領と日本の首相に対し、「もう少し仲良くしなさい」と言われたのでしょう。しかし、今度はむしろ、

2014年３月26日、オランダのハーグで日米韓首脳会談が行われ、北朝鮮問題を中心に北東アジアの安全保障について話し合われた。

ロシア問題があまり緊迫《きんぱく》したものにならないように、日本のほうからアメリカに話をして、仲立ちに入るぐらいでなければいけません。それをしなければ、中国問題に対しては、もはや打つ手がなくなります。

日本が、今の憲法を変えられず、法律さえなかなかつくれないような状況《じょうきょう》において、アメリカが、「中国の力」を借りなければ自分の発言を擁護《ようご》できないような体制にあった場合には、「もはや中国の行動を阻止《そし》することはできない」と考えなければならないでしょう。

また、韓国までが中国と同調する関係にあったならば、「日本は独自に何かをするか」「なすがままになるか」の、どちらかになることを意味しますので、アメリカという国の一時的感情、あるいは、その大統領が思っていることと、「大きな国家戦略のあり方」とは、分けて考えないといけないと思います。

4　アメリカの怒《いか》りに同調すると、沖縄《おきなわ》が日本でなくなる

今後、「右翼」と「左翼」の見方の違《ちが》いはどうなるか

これまでの日本では、「アメリカ型の価値観」を共有してきましたし、長い目で見れば、そのほうが幸福だったことは間違《まちが》いありませんが、一時的なことで、日本が完全に孤立《こりつ》させられる方向に持っていかれないように、外交的には努力しなければならないでしょう。

新聞などを読んでも、右翼と左翼の見方は別で、右翼系の新聞から見れば、「韓国《かんこく》と中国だけが孤立して、安倍《あべ》首相が外交戦略等によって包囲しようとしている」ということですし、逆に、左翼系の新聞から見れば、中国・韓国が〝世界〟であるため、「世界から日本は孤立している」というような書き方をして、「ドーナツ現象によって日本だけが孤立している」と、逆の見方をしています。

これらの見方は、オバマ大統領が来日し、その後、具体的に何をどうするかということと、非常に大きな関係があるだろうと考えています。

「日本としてやるべきことは何か」を考える

ただ、次のアメリカの政権、つまり二年後から先のオバマ大統領以降の政権が大きく期待できるかどうかについては、やや疑問符《ぎもんふ》が付くので、やはり、「日本としてやるべきことは何か」ということを考えていく必要があると思います。

したがって、〝アメリカの怒《いか》り〟のままの方向に、あっさりと乗ってしまいすぎると、十年以内に、沖縄《おきなわ》が日本のものでなくなっている可能性がかなり高いと思わざるをえません。「もはや抑止《よくし》するものがないのではないか」という感じがしますので、このあたりについては、今の政権に底力があるのであれば、少し粘《ねば》ってほしいところです。

私たちは、今のところ、言論を中心とした戦い方しかできてはいませんが、できれば、次の国政選挙あたりでは一定の勢力を得たいものです。

例えば、大阪《おおさか》であるならば、二番煎《せん》じや三番煎じの維新《いしん》とか何とかではなく、私たちの言っていることをもう少しよく聞いてもらい、「どこを応援《おうえん》しなければいけないのか」を分かってもらうための説得術が必要です。

今、必要なのは、「大阪都」をつくることではなく、「どうすれば、この国が沈《しず》まないか」という戦略なのです。そちらをしなければいけません。「地方分権」の話ではないのです。「今は、『国対国』の問題で危機を迎《むか》えているので、その舵取《かじと》りを間違ってはいけない」ということを申し上げているのです。あとから後悔《こうかい》するようなことがないようにしなければなりません。

5　消費税上げで、これからどうなるか

今後、じわじわと経済に影響《えいきょう》が出てくる

安倍《あべ》首相については、基本的な方向はよろしいのですが、「これから先、もう一回、消費税上げをして、さらに憲法改正や集団的自衛権問題など、いろいろなものを乗り切っていけるかどうか」ということになると、かなり厳しい〝上《のぼ》り坂《ざか》〟になるのが目に見えています。そ

れほど簡単ではないと思います。いろいろな攻撃《こうげき》を受けて、じわじわと支持率が下がってくるはずです。

経済的な面については、私が繰《く》り返し述べていますように、「デフレ脱却《だっきゃく》を目指しているときに、消費税上げをする」ということは、本当に〝最悪の愚策《ぐさく》〟でした。「財務官僚《かんりょう》は経済が分からない」ということは、すでに証明済みなのですが、「予算を通すためには財務省の言うことをきかなければいけない」ということで、予算が〝人質《ひとじち》〟になっているので、言うことをきいてしまうわけです。

しかし、三パーセント、二パーセントと消費税が上がることによって、やはり、じわじわと影響《えいきょう》が出てくるでしょう。

ヒトラーがつくった「源泉徴収《げんせんちょうしゅう》型のシステム」

『忍耐《にんたい》の時代の経営戦略』（幸福の科学出版刊）に書いてあるように、「消費税」というと、消費者が払《はら》っているような気になりますが、実際には消費者が払っているわけではなく、「会社」が払っているのです。みなさんが、代金以外に消費税を税金として追加して払っているわけではありません。ここを勘違《かんちが》いしては

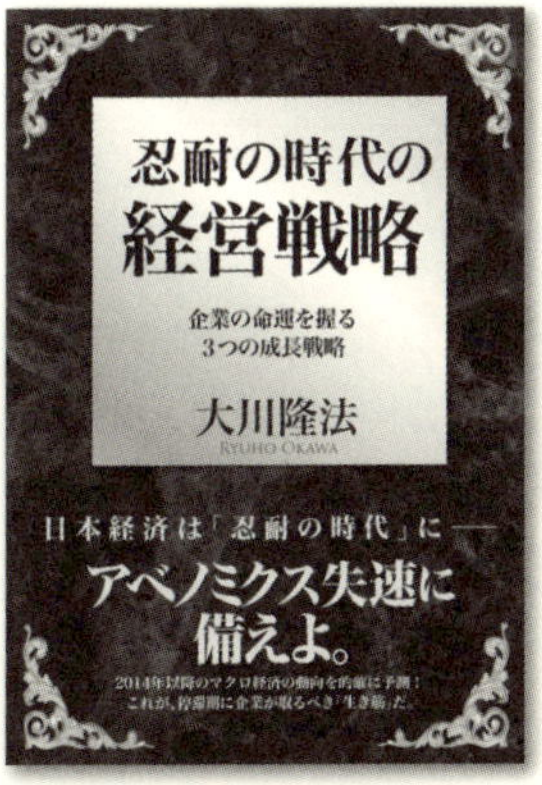
忍耐の時代の
経営戦略
企業の命運を握る
3つの成長戦略
大川隆法
RYUHO OKAWA
日本経済は「忍耐の時代」に――
アベノミクス失速に
備えよ。

『忍耐の時代の経営戦略』
（幸福の科学出版）

いけないでしょう。

それは、会社のほうが、売上のなかから納めるものであり、今まで五パーセントだったものを八パーセント、八パーセントだったものを十パーセントの税金として納めるということです。会社が税金を払っているのであって、消費者が払っているわけではないのです。

つまり、消費者から見れば、単なる「高いもの」を買わされているだけのことか、それを会社のほうが負担した場合には、高いものにならないかわりに、会社のほうの経営が圧迫《あっぱく》されるでしょう。そのどちらかです。

このように、税金を会社に徴収《ちょうしゅう》させて払わせる方法、すなわち、税務署が税金を取りにいくのではなく、会社が源泉徴収《げんせんちょうしゅう》のかたちで計算して納めるようなシステムをつくったのは、ヒトラーなのです。その意味では、「経済的には、彼は天才だ」とも言われています。つまり、税務署を使わずに、「源泉徴収型」で引いてしまうという、税金の徴収方法を発明したわけです。

結局、消費税であっても、実際は、会社のほうで計算して納めることになりますので、要するに、「経営のなかでどうするか」という、会社の問題になります。

つまり、外側に税金として上乗せするか、それとも内部の改革をして経費を減らすか、あるいは下請《したう》けのほうに押《お》しつけていくか。これから、経営戦略としてはいろいろな働き方があるでしょう。

消費税は、流通過程で何重にもかかってくる

先日、東京のある所でコーヒーを飲んだところ、値段が全然上がっていないので、「消費税分は上がらないのですか」と訊《き》いたら、「はい。上がりません」と言われました。一円玉がたくさん〝上に乗る〟ことは店としては嫌《いや》なので、店のなかで処理するつもりのようです。

今まで八百円で売っていたものに、増税分を足すと八百二十数円になるのであれば、非常にうっとうしくなります。そのため、八百円な

ら八百円のままにしようとしますので、結局、なかのものに増税分が入ってきます。

この影響は、どこに出るでしょうか。

例えば、コストダウンは、どういうかたちで出てくるのでしょうか。今の政権は、「給料を上げなさい」ということを言っていますが、コストダウンをしなければいけないなかで、給料を上げたら、どうなるかということです。

その場合、「従業員数を絞《しぼ》り、長時間労働をしてもらって残業代を払わないようにする」か、あるいは、「仕入れのところを叩《たた》く」というかたちで行うぐらいしかないでしょう。

消費税は、完成品を売るときにもかかるのですが、実は「仕入れ」のときにもかかっているわけです。消費税の問題は、実は流通過程においても何重にもかかってくるところです。

商品が出来上がっていく間の過程はたくさんありますが、そのすべてにかかってくるため、経済の流れを阻害《そがい》する要因としては、非常に大きなものがあります。

消費税上げに私が強く〝抗議《こうぎ》〟していない理由

日本としても、消費税分は、「将来的に福祉《ふくし》に使う」と言っていますが、「収入の七十パーセント近くを税金に相当するものに払ってでも、老後の面倒《めんどう》を見てもらう」という北欧型《ほくおう》の方向に舵《かじ》を切っていくのか、それとも、そのようにはせずに、やはり、「個人の自由の領域を広める」という方向に行くのかという選択肢《せんたくし》は、国家の先行きとしてあると思うのです。

ただ、今、「消費税上げ」について、私があまり強く抗議《こうぎ》していない理由は、実は、中国や韓国《かんこく》の動きを見て、もし何らかの紛争《ふんそう》事態が起きたときに困ることは、だいたい目に見えているので、「国として、ある程度、収入の備えが欲《ほ》しいだろう」ということが分かっているからです。

「消費増税分はすべて福祉に使います」と言っていても、その福祉の分が空《あ》いたら、ほかのところに税金を使えるので、「そういうこともあるだろう」と思って、あまり強く言わないようにしているわけです。

ただ、現実問題としては、やはり、気をつけないと、「デフレ脱却《だっきゃく》」というのが、「絵に描いた餅《もち》」で終わる可能性は極《きわ》めて高いでしょう。

6 「STAP《スタップ》細胞潰《さいぼうつぶ》し」で成長戦略も潰される

「STAP《スタップ》細胞《さいぼう》問題」から見るアベノミクスの先行き

今は、アベノミクスの第三の矢である「成長戦略」についても進めたいところですが、実は、先ほど述べた「STAP《スタップ》細胞《さいぼう》」も、「科学研究による新産業の創出」という「成長戦略」の一つなのです。

そういうところに予算を投入し、新しい産業をつくっていこうとしている矢先に、躓《つまず》きかかっているわけです。

あのような「縮み思考型」で解決をしていくと、新しいことにチャレンジする精神が消えていきますので、現実問題として、「成長戦略」も挫折《ざせつ》するかたちになるでしょう。

したがって、今、アベノミクスは、第二の矢の「財政出動」から、第三の矢の「成長戦略」に進むところで、終わるか終わらないかの厳しい位置にいるのです。

また、首相が海外を回り、生産の拠点《きょてん》を外国に移して、諸外国とのネットワークをつくろうとしているときに、ロシア問題が起きてきたので、それによって、また、ギクシャクしていきそうな関係が出てきています。

そういうことで、この流れを断《た》ち切り、今の自民党のままで乗り切っていけるかどうかということは、大きな大きな問題だと思っています。

後《おく》れたマスコミに〝操作〟されている日本の選挙

残念ながら、日本のマスコミというのは、非常に後《おく》れており、十年ぐらいたたないと分からないような人たちばかりです。

しかし、しかたがないことではあるものの、言論においては、雑誌の発行部数や、テレビの視聴率《しちょうりつ》などはかなり多いので、発言力としては追いつきません。

外国のように、宗教であっても関係なくテレビ等で扱《あつか》うところであれば、もう少しは発言力があるのですが、日本では、談合でもしたかのように、見事にピタ－ッと情報を流さないようにされるため、「宗教側からの改革」というのは、そうとう難しいものがあります。

どちらかといえば、憲法で言う「信教の自由」は認めているようですが、政教分離《ぶんり》規定では、「国及《およ》びその機関は、宗教教育その他いかなる宗教的活動もしてはならない（憲法第二十条三項）」というようなことが書かれているので、マスコミも、自分たちが「国及びその機関だ」と思い、宗教の応援《おうえん》をしないようにしているかのごとくに見えます。

はっきり言って、そのように見えるので、残念ながら、こちら側から言っていることが、政治的に、そのまま反映されるとは思えません。一般《いっぱん》的な浮動票《ふどうひょう》は、幸福実現党には一切《いっさい》入れさせないようにしようと頑張《がんば》っているように見えますし、宗教のなかにいて、政治的には考えが固まっていない人も、いわゆる〝常識〟のほうに合わせようと引っ張っているかに見えます。

この点、私どもも、非常に力が足りなくて残念なことだと考えています。

ただ、もう少し正直であってほしいと思うのです。

最近の選挙でも、民主党も自民党も、「原発再稼働《さいかどう》反対」の方向で、政策を掲《かか》げていたはずです（二〇一二年衆議院選挙）。そうしたなかで、「再稼働しないと、エネルギー危機が起きるから危ない」と明確に言っていたのは幸福実現党だけでした。

福島原発事故を発端に国内の全原発が停止。福井県の大飯原発が一時的に再稼動したものの、約1年で再び停止。2014年5月には福井地裁が大飯原発運転再開差し止め判決を出し、波紋を呼んでいる。
（写真：大飯発電所／国土画像情報〈カラー空中写真〉国土交通省）

しかし、選挙のときには反対のことを言っておきながら、選挙で勝てば、しっかりと当会の主張のほうに乗って、そちらを実行するということを、繰《く》り返し行っています。これは、いつも同じです。

したがって、「選挙」とは言っても、国民は完全に愚弄《ぐろう》されている状態だと思うのです。

「マスコミと癒着《ゆちゃく》しての選挙は、完全に〝操作〟できる」ということが分かり切ってしまっているので、「民意は反映していない」と言わざるをえません。

7　国家として正しい舵取《かじと》りをするために

「信仰心《しんこうしん》の弱さ」が地上的な力の弱さにつながっている

こうしたなかで私たちがやるべきことは、一つには、たとえ広がりは十分でなくとも、言論において、正確な考え方を集中的に放出《ほうしゅつ》して国を動かそうとすることです。

もう一つは、努力しているつもりではあるのでしょうが、やはり、もう一歩、もう二歩、使命感を感じて、考え方を広げようとすることです。

例えば、政党のポスター等もところどころに貼《は》っていますが、はっきり言って、幸福実現党のポスターなど、たまにしか見かけません。

こうしたことを見れば、宗教組織としては極《きわ》めて弱いということがよく分かります。

お店が幸福実現党のポスターを貼ると、こちらを応援《おうえん》していることが分かってしまうため、「それによって一般《いっぱん》客のほうが来なくなったら困る」などと、いろいろ考えるのでしょうが、そういう感じのところがあるわけです。

むしろ、ほかの政党のポスターを貼っているところに、「ついでに、もう一枚貼ってくれますか」と頼《たの》むときのほうが貼ってくれることが多いような状況《じょうきょう》で、そうした地上的な力は、まだまだとても弱いと思います。

この「地上的な力が弱い」というのは、本当の意味においては、やはり、「信仰心《しんこうしん》が、そう大したことがない」ということだと思うのです。

また、内部の活動においても、みなさん、当然、教学はしていますが、だいたい本を読むあたりで終わっていて、実際の活動は、できる範囲《はんい》でちょこっとする程度で止まっています。

会員も、実際に動いている人は一割もいればよいほうで、あとは、もう、いるかいないか分からないような人が多い状態です。

やはり、「伝道をしても、新規の活動家として取り込《こ》めないでいる」というような、宗教の組織としての弱さは残っているのではないでしょうか。

東京大学の入学式で受けた軽い衝撃《しょうげき》

先般、東京大学の入学式があり、私も、数十年ぶりにご縁《えん》があったので、少し覗《のぞ》いてきたのですが、偉《えら》い先生がたの話はどんなものかと思い、聞いてきました。

来賓《らいひん》に来られていた雅子妃《まさこひ》のお父様と、学長と教養学部長の三人が挨拶《あいさつ》をされていました。

また、東大の教養学部長が言っていた内容について、今日（四月二十日）の毎日新聞の一面（「余録《よろく》」欄《らん》）にもチラッと書かれていましたけれども、そこは、私も唯一《ゆいいつ》覚えていたところでした。その一点だけは、みな、笑って沸《わ》いたので、毎日新聞でも触《ふ》れられたわけです。

それは、「最近の調査によると、今の大学生には、本をまったく読まないという人が四割いる。残りの人が、一日にどのくらいの時間、本を読んでいるかというと、平均して約二十七分という数字が出ている。まさか、東大に入った諸君はそんなことはないだろうと思いたいが、せめて、スマートフォンを使っている時間の半分ぐらいは読書のために割《さ》いてほしい」といった話で、東大の入学式で言うような話ではなかった気がします。

小学校か中学校の入学式あたりで、校長がお話をするとよいような気もする内容でしたが、私は、東大の入学式でこんな話を聞かされるとは思わず、さすがに少しショックを受けました。若干《じゃっかん》、「はあ?」という感じがあったのです。

2014年4月11日、日本武道館で行われた東京大学の入学式。式典では、教養学部長・石井洋二郎教授が学生の読書量減少について言及した。

私が学生のころは、まだ、国際競争力のあった時代であり、みな、図書館が閉《し》まるまで勉強をしていたものです。図書館で私語などをしていたら、すぐに、「出ていけ」というような感じで、周りから睨《にら》みつけられるので、「ヒャアア」と思って勉強しなければいけなかったような時代でした。「本を一冊も読まない人が四割もいる」というような時代とはだいぶ違《ちが》ったため、やや軽いショックを受けたわけですが、それが今の現実かもしれません。

そうすると、当会のように、毎日のごとく本を次々と出された場合には、どうなるでしょうか。

大学生の四割は、本を一冊も読んでおらず、残りの六割の学生の読書時間は、一日あたり約二十七分です。二十七分で何冊読めるでしょうか。一冊を読み切れる人は、あまりいないでしょうから、おそらく、一冊を読むのに、数日はかかる可能性が高いと思われます。

一方、大人はどうであるかは分かりません。ただ、鍛《きた》え抜《ぬ》かれた方々は、かなり読めるにしても、そうでない方々は、「本をもらっ

東京大学本郷キャンパス正門を入って右手にある総合図書館（1928 年開館）。120 万冊以上の蔵書を誇っている。

ても、今年中に読めるかどうか分からない」というような感じなのではないでしょうか。

実際は、勉学に励《はげ》まなくてはいけない大学生であっても、年に一冊も本を読まないという人が四割もいるわけです。大学生でそうだとすると、ほかの人たちの場合、本を渡《わた》したとしても、「ああ、そうですか」とゴミ箱行きにならないあたりで止められるかどうか、ぎりぎりのところでしょう。相手の気が向くのを、じっと待っているばかりの可能性があるということです。

やはり、当会の本を献本するにしても、大事なところについて、何か一言《ひとこと》付け加えるなり、あるいは、読んでほしいところには、時間短

郵便はがき

料金受取人払郵便

赤坂局承認

6467

差出有効期間
平成28年5月
5日まで
(切手不要)

1 0 7 - 8 7 9 0

112

東京都港区赤坂2丁目10−14
幸福の科学出版(株)
愛読者アンケート係 行

フリガナ お名前	男・女	歳
ご住所 〒 都道府県		
お電話 (　　　) −		
e-mail アドレス		
ご職業 ①会社員 ②会社役員 ③経営者 ④公務員 ⑤教員・研究者 ⑥自営業 ⑦主婦 ⑧学生 ⑨パート・アルバイト ⑩他(　　)		

ご記入いただきました個人情報については、同意なく他の目的で使用することはございません。ご協力ありがとうございました。

愛読者プレゼント☆アンケート

『自由の革命』のご購読ありがとうございました。今後の参考とさせていただきますので、下記の質問にお答えください。抽選で幸福の科学出版の書籍・雑誌をプレゼント致します。(発表は発送をもってかえさせていただきます)

1 本書をお読みになったご感想

(なお、ご感想を匿名にて広告等に掲載させていただくことがございます)

2 本書をお求めの理由は何ですか。

①書名にひかれて　②表紙デザインが気に入った　③内容に興味を持った

3 本書をどのようにお知りになりましたか。

①新聞広告を見て [新聞名：　]
②書店で見て　③人に勧められて　④月刊「ザ・リバティ」
⑤月刊「アー・ユー・ハッピー?」　⑥幸福の科学の小冊子
⑦ラジオ番組「天使のモーニングコール」　⑧幸福の科学出版のホームページ
⑨その他 (　)

4 本書をどちらで購入されましたか。

①書店　②インターネット (サイト名　)
③その他 (　)

5 今後、弊社発行のメールマガジンをお送りしてもよろしいですか。

はい (e-mailアドレス　)・いいえ

6 今後、読者モニターとして、お電話等でご意見をお伺いしてもよろしいですか。(謝礼として、図書カード等をお送り致します)

はい・いいえ

弊社より新刊情報、DMを送らせていただきます。新刊情報、DMを希望されない方は右記にチェックをお願いします。　□DMを希望しない縮のために付箋《ふせん》を貼っておくなり、マークを付けておくなりすべきだと思います。

また、自分が要点だと思う部分を、小さな紙にでも書いて挟《はさ》んでおくなりするのもよいでしょう。献本する際に、その程度の工夫《くふう》は欲《ほ》しいところです。

書籍《しょせき》を通じて大切な内容を伝える努力を

要するに、世の中では、ここまで読書力が落ちているのです。

そうしたなかで、本によって戦うというのは、なかなか厳しいことでしょう。

週刊誌であれば、一週間に一回の発行ですが、新聞になると、その日の午後二時過ぎに行われた記者会見の内容が、早くも夕刊に載《の》っているわけです。

もちろん、テレビでは、その日のうちに報道されていますが、新聞でも、遅《おそ》くとも翌日の朝刊ぐらいには、だいたいのことが載っています。

週刊誌にしても、発売前日までの情報が載っていますから、なかなか競争が厳しいことには違いありません。例えば、高校別の大学の合格者数等を発表していますが、そこには前日の情報までが入っているので、実に速い速度なのです。

これに対して、当会は本で戦っているわけですが、こちらも努力はしており、収録から三日ぐらいで印刷している状況ではあります。しかし、悲しいことに、「本を製本した際、糊《のり》が乾《かわ》くまでに一日かかる」などという理由で待たされるのです。要するに、そのまま出すとページがバラけてしまうので、糊を乾かすために一日待たなくてはいけません。そういう意味では、やや〝原始的〟な理由から遅《おく》れている状況であり、そう簡単な戦いではないのです。

また、本をつくっても、読んでもらえないことが多いらしいので、何とかして貴重な内容を伝えるよう、そのための努力をさらにしなければ駄目《だめ》だと思うのです。

8　日本から「自由の革命」を広げよう

自らの良心に基《もと》づいて行動する勇気を持つ

私は、「自由の革命」として、決して、武力を伴《ともな》ったり、大きな戦争を伴ったりするようなものを希望しているわけではありません。しかし、少なくとも、人間の精神性の自由、特に、神仏の願いに向かって進んでいこうとする動きを阻害《そがい》するものがあった場合、それを取り除いていく自由、そういう「自由の革命」は絶対に必要だと思います。神仏を否定したり、本来あるべきユートピア世界を阻害したりする方向で、地上の権力や勢力が動くことに対し、しっかりと戦っていくことが大事なのではないでしょうか。

真理は、人間を自由にします。

真理には、人間を自由にする力があることを知ってください。正しい内容を知り、そして理解し、さらに結論を知っていたら、当然、取るべき行動は違《ちが》ってきます。取るべき行動が取れないのは、内容が分からないからです。

先般《せんぱん》、当会は、たった一人の女性科学者の立場に立って行動をしました（前掲《ぜんけい》『小保方晴子《おぼかたはるこ》さん守護霊《しゅごれい》インタビュー　それでも「STAP《スタップ》細胞《さいぼう》」は存在する』『「嫉妬《しっと》・老害・ノーベル賞の三角関数」守護霊を認めない理研《りけん》・野依良治《のよりりょうじ》理事長の守護霊による、STAP細胞潰《つぶ》し霊言《れいげん》』参照）。世間《せけん》から見れば、「ずいぶん変わったことをするな」と思ったかもしれません。しかし、「正義は必ず真理の側に立たなければならない」と、私は思っています。

　そして、たとえ、最初は〝小さな一撃《いちげき》〟であっても、真実であるものは、いずれ明らかになり、多くの人に認められ、世の中を変えていくものだと、強く信じたいのです。

　政治活動においても、諦《あきら》めずに、倦《う》まず弛《たゆ》まず真実を探究、追究し、

それを人々に訴《うった》えかけていくことが大切です。それも宗教活動の一環《いっかん》なのだという思いを、どうか心のなかで持ち続けてください。

今、日本から、「新しい時代の理念」が発信されようとしています。「共産主義の時代」は終わりました。アメリカ中心型の「資本主義の時代」も終わりを迎《むか》えようとしています。

そのときに、日本から、これまでの宗教対立やイデオロギー対立を超《こ》えた思想が出てきて、世界を引っ張っていこうとしているのです。

今、こうした動きに参画しているのは、たいへん重要なことなのだと、どうか知ってください。

組織の一員として命令を待ち、それを受けてから動くのではなく、どうか、「自らの良心に基《もと》づいて、やるべきことをやり抜《ぬ》く」という勇気を持ってほしいと思います。

第2章

愛が時代を動かす

二〇一四年五月十七日　説法《せっぽう》

静岡《しずおか》県・幸福の科学 中部正心館《しょうしんかん》にて

1　二十年前から北朝鮮《きたちょうせん》の核《かく》を警告していた幸福の科学

「価値観」が混迷《こんめい》し、「政治・経済」が停滞《ていたい》した二十年

本日は、中部正心館《しょうしんかん》（幸福の科学の研修施設）での説法《せっぽう》になります。「ここで説法するのは十一年ぶりだ」と先ほど聞きましたが、歳月《さいげつ》がたつのは早いものです。今後、中部地方には、「名古屋《なごや》正心館」という大きな精舎《しょうじゃ》が名古屋にできますから、「ここでは、最後かもしれ

ない」と思って聴《き》いていただければ幸いです。

この地はよいところで、来る途中《とちゅう》、浜名湖《はまなこ》を見ながら、本当に風光《ふうこう》明媚《めいび》で、平和で、何とも言えず、ボケーッとしてくる感じがありました。

私は、そうした浜名湖のような、のんびりとした感じが、ずっと続けばよいなと感じはしたものの、世界のなかで、今、日本のあるべき場所を考えると、どうも、そのような、のんびりとした平和な状態とは違《ちが》う方向に向かっているように思います。

さまざまなニュース等で騒《さわ》がしく言って、国論が揺《ゆ》れていますので、何らかのことは、私も述べなければならないでしょう。

思い返せば、私が、北朝鮮《きたちょうせん》の核《かく》ミサイルの危険性を訴《うった》えたのは、一九九四年の東京ドームでの講演会だったと思います（『ユートピア創造論』〈幸福の科学出版刊〉第4章「異次元旅行」参照）。

「北朝鮮は核開発をしているので危険である。だから、備えをしなくてはいけない」という趣旨《しゅし》のことを述べたのは、もう二十年も前なのです。

上：東京ドームでの講演会風景。1994年7月「異次元旅行」では、北朝鮮の核開発問題に対して警鐘を鳴らした。

『ユートピア創造論』
（幸福の科学出版）

そのころから、きちんと考えておけば、もう少し、どうにかなったのではないでしょうか。

日本の政治は、そのころから、細川《ほそかわ》連立政権、あるいは、村山富市《むらやまとみいち》社会党連立政権などに当たったりして〝逆回転〟し、むしろ、「自虐《じぎゃく》史観」が前面に出ていって、従軍慰安婦《じゅうぐんいあんふ》問題への謝罪等、いろいろなことが行われました。

さらに、阪神《はんしん》・淡路《あわじ》大震災《だいしんさい》が起きたり、オウム事件が起きたりして、日本国中で価値観がグルグル回って分からなくなっていき、政治や経済をはじめ、いろいろなものが停滞《ていたい》した二十年だったと思います。

世界情勢の変化がもたらす「危機」に、どう対応するか

その間に、世界の情勢は、だいぶ変わっていきました。

二十世紀末には、「二十一世紀は、アメリカ一極の、超《ちょう》大国の支配が百年は続く」と考えられていた状態でしたから、まさか、わずか十年余りで、世界の勢力地図が変わっていこうとするとは、誰《だれ》も思わなかったのではないでしょうか。

また、私も、二〇〇九年ごろには、政治についての発言が活発になり、危機を訴えるようになりましたが、これも、北朝鮮のミサイル発

射あたりがきっかけになったと思います。

北朝鮮は、今年（二〇一四年）に入ってから、少なくとも三十発以上は、ミサイルやロケット弾《だん》を撃《う》っており、もはや、あまり報道もされなくなりましたが、「おそらく、二、三年中には、五十発ぐらいの核兵器、核ミサイルを持つだろう」と言われています。こう

2014年３月23日、北朝鮮は東部沿岸から日本海に向けて短距離ロケット砲16発を発射。前日の22日にも短距離ロケット砲30発を発射している。

した状況《じょうきょう》は、何らかのかたちで終わりを迎《むか》えさせなければいけません。

しかし、誰が、いつ、どのようにして、そうするのか。

核兵器をどんどんつくられて、ためていかれると大変なことになるでしょう。

私は「北朝鮮は崩壊《ほうかい》が近い」と見てはいるものの、どのようなかたちで崩壊させるかは、大きな問題だと思うのです。

どのように崩壊させ、そのあと、どう始末をつけていくのか。その後の世界をどうしていくのか。これは極《きわ》めて難しく、アメリカも、それほど真剣《しんけん》に考えているようには見えません。

中国のほうも、腹の底で何を考えているかは分からない状態ですし、韓国《かんこく》は、「血迷っている」と言わざるをえない現状です。

そのなかで、日本が何らかの判断をできるのかどうかは、極めて困難な問題であり、私は、日本が見苦しいところを見せなければよいがと、希望するものです。

2 「集団的自衛権」は、なぜ必要なのか

専門家の説明では「よく分からない」集団的自衛権

最近では、それ以外に、尖閣《せんかく》問題等が盛《さか》んになっており、今、まさに、「集団的自衛権」の問題が、さまざまにニュースになっているのはお気づきでしょう。

ただ、新聞の記事等には細かく書いてありますし、テレビのニュー

ス番組等でもいろいろと議論していますが、専門家の言っていることは、あまりよくは分からないのではないでしょうか。

先日、安倍《あべ》首相も説明していましたけれども、政治家には独特の言い回しがあって、「騙《だま》している」とは言いたくはないものの、国民が呑《の》み込《こ》みやすく、分かりやすいように、「ああ、そんなに問題がないのかな」と思うような感じの言い方を、上手になされます。

また、マスコミのほうはマスコミのほうで、違《ちが》った意味での極論《きょくろん》を言うこともあって、「いったい、何がどうなろうとしているのかが、よく分からない」というのが、正直なところなのではないかと思います。

東南アジアでいつ戦争が起こってもおかしくない

もう少し、はっきり分かるように言えばよいのです。「なぜ、集団的自衛権がそれほど問題だと言っているのか」ということです。「別に、日米同盟を結んでいるのだから、構わないではないか」と言えば、それまでのように見えるのですが、いったい、何をそれほど問題にしているのでしょうか。

例えば、今は、日本ではなくて、「中国とベトナム」、あるいは、「中国とフィリピン」の戦争が差し迫《せま》っていると言ってもよい時期です。これは、いつ始まってもおかしくありません。

「中国とベトナム」「中国とフィリピン」、さらに、「中国と台湾《たいわん》」もあります。この三カ所は、いつ戦争が始まってもおかしくないのです。

しかも、今は、オバマ政権の末期であり、もうあと二年数カ月しかありません。オバ

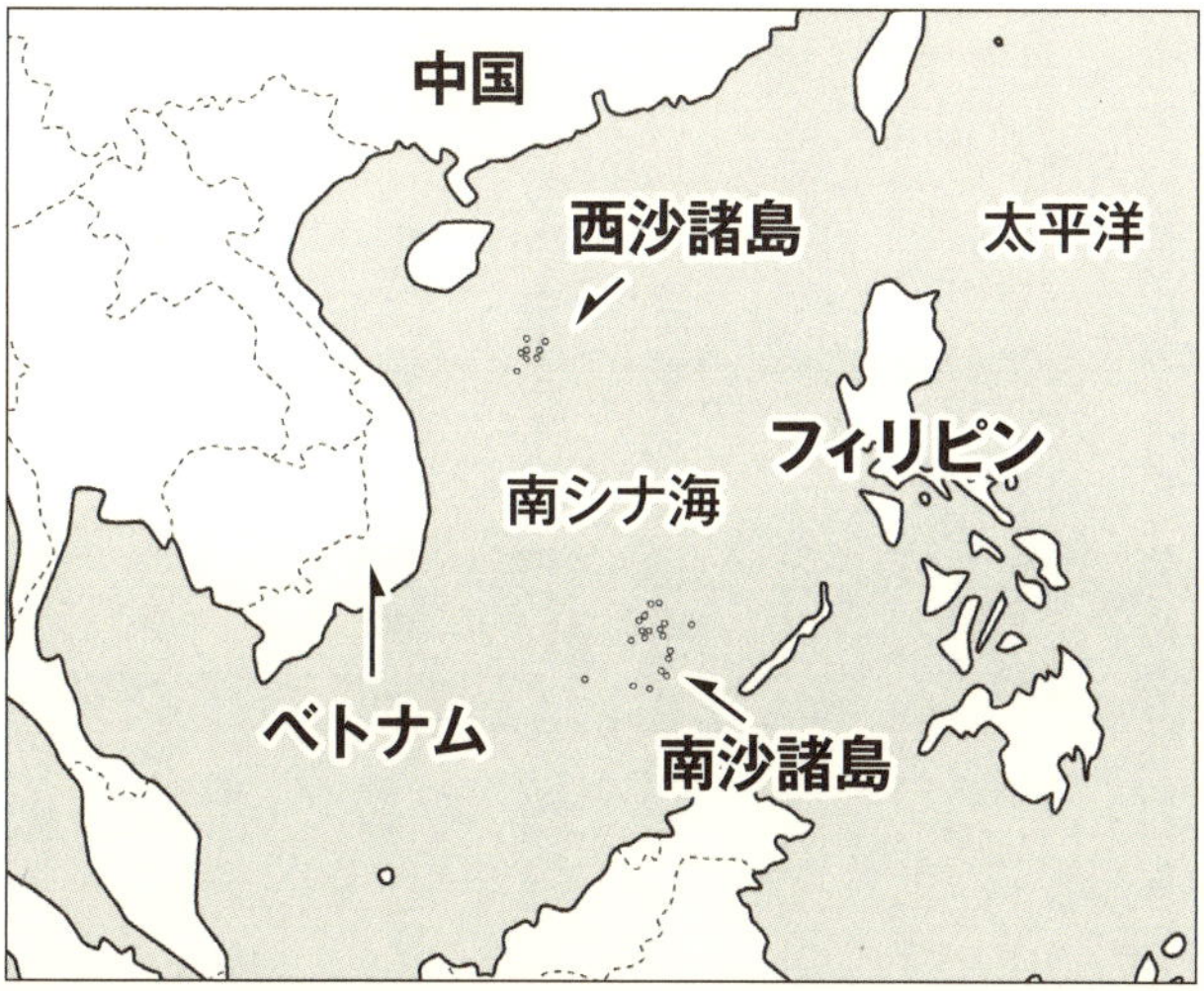

南シナ海の領有権を巡り、中国はベトナムやフィリピン等と対立。2014年5月3日、中国企業が西沙諸島付近での石油掘削計画を発表したことにベトナム国民は激しく反発し、大規模なデモが起きている。

マ大統領が、もはや実質上の支配力をかなり失い、軍事的には撤退《てったい》に入っている時期であって、今は、極《きわ》めて紛争《ふんそう》を起こしやすい時期なのです。

さらには、ロシアでプーチン大統領が、若さを誇《ほこ》って頑張《がんば》り、クリミア問題等で暴《あば》れています。そのため、ウクライナでロシアに備えなければいけなくなって、ＥＵとアメリカは、そちらのほうにも戦力を割《さ》いています。

オバマ大統領はノーベル平和賞をもらってからあと、どんどんと軍事的に退《ひ》いていく路線に入っていますので、「この時期を狙《ねら》わないのは、軍事的にはおかしい」という時期でもあり、何らかの紛争、あるいは、戦争が起きてもおかしくありません。

安倍《あべ》首相が「本当に問いかけていること」とは

結局、安倍《あべ》首相は、言葉巧《たく》みに、「尖閣あたりで、いろいろ起きるかもしれない」というぐらいのことを言っているとは思いますけれども、実は、本当の問題は、例えば、「中国とフィリピンが戦争を始めたときに、日本はどうするのか」ということなのです。

アメリカ軍はいちおう出動するとは思われますが、日本は、フィリピンから「助けてくれ」と言われたときに、何もしないで、「日本の法制度上、できません。はい、さようなら」で済むのでしょうか。

また、フィリピンだけでなく、ベトナムにも日系企業《きぎょう》は数多く出ていますけれども、もし、中国とベトナムとの間に戦いが起きたときに、「アメリカ軍は勝手に行けばいいが、日本には憲法九条もあり、集団的自衛権も『憲法違反《いはん》』ということで認められていないの

2014年5月、中国企業による石油掘削計画への抗議活動はフィリピンにも飛び火。マニラの中国領事館前に多数のフィリピン人や在住ベトナム人が参集し、デモ活動を行った。

で、何もできません。邦人《ほうじん》保護や日本企業等の保護は、アメリカが勝手にやってくれるでしょう」というようなことで、本当に済むのでしょうか。

結局、安倍首相が言っていることは、そのような問いかけなのです。ただ、それで日本が自衛隊を出動させるとなった場合、「『（武力の行使は）国際紛争を解決する手段としては、永久にこれを放棄《ほうき》する』という、日本国憲法の第九条の規定に違反するのではないか。本来、憲法九条を改正しなければいけないにもかかわらず、今は、そうした改正を押《お》し切るだけの力がないので、政府の解釈《かいしゃく》で逃《に》げ切ろうとしているのではないか」というところが疑われているわけです。

つまり、「憲法九条を改正しないで、そのまま、戦争状態に突入《とつにゅう》することができるようにしようとしているのではないか」と言われているのです。

3　「反原発」で石油が入らなければ、日本はどうなるか

中国の「海洋進出」が日本の「石油輸入」にもたらす問題

さらに、石油輸入に関する問題があります。

今は、「原発反対運動」が全国でたくさん行われ、原発もすべて動かなくなっていますけれども、原子力を除くと、日本のエネルギー自給率は四パーセントしかありません。そのため、原発を止《と》めると、結

局は、石油の輸入が増え、石油による火力発電が増えているのです。

こうしたなか、日本は、ペルシャ湾《わん》のほうから、タンカーに載《の》せて石油を国内に運んできていますが、今、問題になっている、南シナ海、東シナ海あたりが中国の制海権のなかに入った場合、そのタンカーは日本に無事に着くのかどうかという問題が、次に出てくるわけです。

タンカーが、ペルシャ湾のほうから日本に入ってくる途中《とちゅう》で捕《つか》まえられて、そのまま中国に引っ張っていかれたとしても、何にもできないという状態が起きてくるかもしれません。油ごと持っていかれる可能性も、ないとは言えないのです。

そのときには、今度は、石油が入ってこなくなるので、火力発電は、かなり厳しい状態になるでしょう。

中国という「自国中心の国」が、今「考えていること」

「アメリカから何か援助《えんじょ》があるのではないか」という考えもありましょうが、アメリカもだんだんフィリピンから退《ひ》いていこうとしています。さらには、グアム、そして、ハワイへと、どんどん退いていこうとしているのです。

その途中で、フィリピンから「助けてくれ」と言われて、一時《いちじ》、助けようとしているけれども、オバマ大統領が本気でそれをやるかどうかを中国は、今、〝試《ため》して〟いるというように見るべきかと思います。

中国は、オバマ大統領が、実際は口だけで、何もできないところを見せて、自分たちが南シナ海を実効支配できるところをＰＲしようとしていると考えられます。

二〇一二年に日系企業《きぎょう》が中国で〝焼き討《う》ち〟に遭《あ》ったときには、中国は何ら日本に対して「補償《ほしょう》する」とも「弁償《べんしょう》する」とも言わなかったのに、今、ベトナムで中国系企業が〝焼き討ち〟にあったら、中国の女性報道官がテレビなどによく出てきて、「弁償してもらう」と堂々と言っていました。「日本の件は、どうなっているのだろう」と言いたくはなりますが、おそらく考えてもいないのでしょう。

このように、「世の中には極《きわ》めて自分あるいは自国中心に物事を考える、バランス感覚や公平感覚のない国が存在するのだ」ということを知っていなくてはいけません。

しかも、本心かどうかは分かりませんが、単に、ゲーム感覚的に、「何か言っても、言い返されなければ自分の勝ち」と思っているようなカルチャーがあるのだということも知らなければいけないわけです。

そういう意味で、日本も、にわかに、いろいろなものが忙《いそが》しくなっ

中国外務省の華春瑩《かしゅんえい》報道官。2014年5月の記者会見では、ベトナム政府に対し、暴徒化した国民への徹底した取り締まりと損害賠償を求めていくことを強調した。

てくることが、今後、あるかもしれません。
したがって、私は、何らかの見解を述べなければいけないと思っているのです。

4　「戦争は悪だ」という見方の〝ごまかし〟

「戦争への一面的な見方」が意味しているものとは

今朝（五月十七日）の新聞等を読むと、朝日新聞の取材に対し、創《そう》価学会《がっかい》が書面にて、「憲法第九条の改正がなければ、集団的自衛権の行使など、あってはならない」というような回答をしていました。宗教団体として、公明党の〝雇《やと》い主〟として、発表していたようです。

この公明党という存在が、実に、今は、ややこしい動きをしています。前回の選挙のときに、「自民党のブレーキ役を果たす」と称《しょう》して票を稼《かせ》いだのは結構なのですが、今は物事を進ませない障害になっていると思います。

もちろん、宗教団体（創価学会）のほうも、何ら神や仏の指導を受けるわけでもなく、この世的な人間の考えでやっている団体ですので、それ以上のものではないと考えます。

なお、私は、いろいろな考えがあってよいとは思いますし、例えば、政治学の教授でも、「戦争そのものが悪であり、平和が、絶対、善なのだ」というような考え方をする人もいるでしょうし、「戦争があること自体が悪であり、それをなくすことが大事なのだ」という考えもあるとは思います。

しかし、私は、そのような考えの背景には、「善悪を判断する智慧《ちえ》がないのではないか」と思うのです。「何が正しくて、何が間違《まちが》っているかなど、分からない」ということでしょう。

「何が正しくて、何が間違っているか分からない」ということは、「神仏の心など、分からない」ということだと思うのです。

ここに来る前に、『旧約聖書《きゅうやくせいしょ》』の預言者《よげんしゃ》の本などを読んでいたのですが、天なる神は、当時のイスラエルの預言者たちに対して、「わが言葉を聞け。聞かなかったならば、あなたがたは滅《ほろ》びるぞ」「他国が攻《せ》めてきて、あなたがたは滅びる」というようなことを繰《く》り返し言っていますし、他国が滅ぼすだけではなく、「私が滅ぼす」とも、よく言っています。「神を信じない、信仰《しんこう》なき民《たみ》は滅びよ」というようなことまで、はっきりと言っているのです。

今、人々には、この神の言葉が聞こえなくなっており、そういう声が聞こえない状態において、「唯物論《ゆいぶつろん》の世界のなかでは、現状維持《いじ》、および、延命のみが正義である」というものの考え方が進んでいるのではないかと思います。

「警察官」と「犯罪者」の暴力の違《ちが》いに見る「自衛隊の存在意義」

私は、「戦争は、全部悪だ」という考えがあることも承知しているし、「暴力は、必ず悪になる」という考えがあることも承知しています。

しかし、「警察官の実力行使」と、その反対の「犯罪者の実力行使」とは、暴力的なかたちのものとして同じように見えても、価値判断においては違うものがあると思うのです。

警察官が犯罪者を取り押《お》さえるために、警棒で殴《なぐ》ったり、手錠《てじょう》をかけたりする行為《こうい》と、強盗《ごうとう》が押し入って、家のなかの人を縄《なわ》で縛《しば》りつけ、「金を出せ」と脅《おど》す行為は、同じように「暴力」と見えるかもしれませんが、違います。

それは、行おうとしていることの「目的」が違うからです。守ろうとしているものが違うからであり、得ようとしているものが違うからです。

人々を助けようとしたり、社会の秩序《ちつじょ》を守ろうとしたりするためにやっているのか。それとも、自分の利得のために、他人《ひと》を不幸に陥《おとしい》れてでも実力を行使して、やろうとしているのか。やはり、これらは意味が全然違います。

このように、「暴力に相当することは、必ず悪だ」と言い切ることはできないわけです。

しかし、安保《あんぽ》世代の方は、そのように教わったことが多いのではないでしょうか。

以前、民主党政権時代に官房《かんぼう》長官をされていた方も、自衛隊のことを、「暴力装置」と表現していましたが、確かに、私も、そのように習った記憶《きおく》があります。

私たちの学生時代には、安保世代の方々

民主党・菅政権時代の官房長官だった仙谷由人氏は、2010年の参議院予算委員会で「暴力装置でもある自衛隊」と発言。のちに発言を撤回して謝罪した。『国家社会主義とは何か』（幸福の科学出版）等参照。

が教授陣《じん》でいたため、自衛隊を、「暴力装置」と表現していました。その「暴力装置」という言葉自体に、「存在そのものが悪だ」という、ものの見方が入っていると思うのです。

しかし、自衛隊が何のために存在するのかと言えば、それは、「国民の生命・安全・財産」を守るためであり、もちろん、領土・領空等を守るためです。

さらに、「行っていることが、世界の正義に資する、あるいは、それに協力することかどうか」という判定基準もあるだろうと思うのです。

もし、隣国《りんごく》が不法な攻撃《こうげき》を受けて「SOS《エスオーエス》」を出しているにもかかわらず、「わが国では、一切《いっさい》、関与《かんよ》しないことになっている」ということであれば、事実上の鎖国《さこく》状態が続いていることになります。また、隣国を見捨てたことに対して、近隣諸国における日本への不信感は大きくなって、「ＡＳＥＡＮ《アセアン》諸国のリーダーとしての日本」への信頼感《しんらいかん》は、大きく失われていくだろうと、私は思っています。

5　今、「神の言葉」は聞こえている

二十年前から発信している「北朝鮮《きたちょうせん》の脅威《きょうい》」

「今は、神の言葉が聞こえない」、あるいは、「神仏の言葉が聞こえないから、何が正義か分からない」と思うのかもしれませんが、今、神の言葉は聞こえています。幸福の科学を通して、声は届いているのです。

そして、それに気づいている人はいます。

ただ、「それを受け止め、受け入れ、消化し、実行し、やってのけねばならない」という使命感を感じている人が少ないということです。

危機について、私は、すでに二十年も前から、ずっと発信し続けていますが、やはり、〝邪悪《じゃあく》なるもの〟は「ある」と言わざるをえません。

自国民が何万の単位で飢《う》え死にしているのに、核《かく》兵器をつくり続けている北朝鮮《きたちょうせん》のような国は、終わらせなければいけないでしょう。これは、当然のことであり、近隣《きんりん》諸国への脅威《きょうい》は取り除かなければならないと思います。

国際的な平和を無視し、世界制覇《せいは》への野望を持つ中国

それから、南沙《なんさ》諸島、西沙《せいさ》諸島等での争いですが、ここについては、いろいろな国の権益《けんえき》が絡《から》んでいます。

ところが、中国は、一方的に砂を運び込《こ》んで島をつくったり、近寄ってきたベトナムの船に軍艦《ぐんかん》を体当たりさせたりしている状態です。

そして、アメリカが何もできないことを確認したり、様子を窺《うかが》ったりしているわけです。これは、国際的なリーダーのやり方として、極《きわ》めて説得力を欠く、あるいは、理解されにくい行動をしていると言わざ

るをえません。

中国は、大きな国であり、現在、人口が十三億、十四億近くになっていますが、これから、十五億、十六億と増えていくかもしれないため、「資源」と「食糧《しょくりょう》」を求めて世界に手を伸《の》ばしているのでしょう。私は、その理由が分からないわけではないのです。食糧は欲《ほ》しいだろうし、資源も欲しいだろ

2014年５月、西沙諸島近くの海域で、中国の石油掘削強行を阻止しようとするベトナム船に、中国公船が複数回にわたって体当たりし、ベトナム側は６人が負傷、８隻が損傷した。

うと思います。

しかしながら、もし、平和裡《り》に貿易をして、ビジネス的に相互《そうご》に繁栄《はんえい》しつつ、自国民が食べていけるようにするならば、あるいは、貧富《ひんぷ》の差を解消し、自国民が豊かになるように経済を拡大していこうとするのであれば、やはり、国際的な「平和」が大切です。やはり、その「秩序《ちつじょ》」、「安定」というものがあってこそ、貿易は成り立つのであって、戦争のなかでは、そういうものは成り立ちません。

ASEAN《アセアン》の諸国についても、「どんどん収奪《しゅうだつ》をかけてこられ、占領《せんりょう》されて、属国のようなかたちになり、資源を取られる」ということであれば、これは、時代が逆戻《ぎゃくもど》り、逆回転したことになるため、抵抗《ていこう》するのは当然でしょう。

また、アフリカの諸国も、今、そのように考え始めており、「中国は、一方的に奪《うば》っていく感じが、非常に強い」と言っています。

その野望は、アジアだけにとどまらず、石油がある中東、それから、アフリカ、ヨーロッパにまで触手《しょくしゅ》が及《およ》んでおり、さらに、南米や、いろいろな資源のあるオーストラリアにも伸びています。

中国は、そうした、世界制覇《せいは》への野望を持っているのです。

もちろん、野望を持つだけならば構わないとは思いますが、世界には、二百カ国近い国があり、国連という機関もあるのであれば、やはり、「国際秩序のなかで、どのように考えて、意見を言うべきか」ということを、きちんと考えなければならないでしょう。

いずれにせよ、近隣の国のなかにおいて、「日本という国のあるべき姿」というものも、真剣《しんけん》に考えなければなりません。

6 人々を愛する神の心を無視した「全体主義」

「全体主義国家」において点検しなければいけないこと

私は、最近、「全体主義とは何か」ということについて、いろいろと話していますが、基本的に、全体主義とは、「人々を愛する神仏の心を無視した国家の暴走だ」と考えています。

つまり、一部の「唯物《ゆいぶつ》的な思考」だけで物事を考えると、「この世で勢力を拡張し、利益《りえき》を食《は》み、命を長らえて繁栄《はんえい》することがすべてであり、最高のことだ」ということになりますが、そういうものの考え方に対して、「永遠の生命の世界のなかでの善悪とは何か」ということを考える立場が、もう一つあるのです。

しかし、全体主義国家では、「この世がすべて」というなかで、この世における繁栄、あるいは権力の行使やその実現、さらには、暴力の使用、人々の粛清《しゅくせい》、収容所への収容、すなわち、「邪魔者《じゃまもの》は、とにかく黙《だま》らせ、消していく」ということが行われやすいところがあります。

そのなかで、やはり、「信教の自由」が本当にあるのかどうか。また、「言論・出版の自由」、「表現の自由」等が守られているのかどうか。人々の幸福のために、「自由の行使」が許されているのかどうか。このあたりを点検していかねばならないと思うのです。

世界で紛争《ふんそう》が多発してきた理由と「抑止力《よくしりょく》」の大切さ

オバマ大統領が、「ノーベル平和賞」を受賞されたのは結構なことだと思います。ただ、その結果として、アメリカが世界の警察官であることをやめ、退《ひ》いていこうとしており、世界では紛争《ふんそう》が多発し始めました。

やはり、彼は成《な》すべき使命を果たしていないのではないかと、私には思えるのです。

できるならば、オバマ大統領には、ノーベル平和賞を返還《へんかん》いただきたい。そして、「きちんとやるべきことをやりなさい」と申し上げたいのです。

さらに、「安倍《あべ》首相には、ぜひとも、ノーベル平和賞をもらわないようにしていただきたい」と思っています（会場笑）。それをもらったら動けなくなるので、絶対に、もらわないでいただきたいのです。

オバマ大統領は、プラハでの「核なき世界」演説と核軍縮政策の国際社会への働きかけが評価され、2009年ノーベル平和賞を受賞した。

彼は、今、外交で頑張《がんば》っていますが、日本としては限りがあるかもしれないものの、できることはしなければいけないと思うし、悪と思えるものに対しては、「抑止力《よくしりょく》」、つまり、「悪を抑止し、押《お》しとどめる力」が必要だと思っています。

やはり、「平和的な外交の力」も要《い》るけれども、現実には、やはり、「抑止する力」も必要なのです。

私は、弱小国が一方的に占領《せんりょう》されていったり、支配されていったりするのを見逃《みのが》すことは、世界的には、あまりよいことではないと思うし、その後の世界にとっても、よいことではないと思っています。

習近平《しゅうきんぺい》氏が持つ「旧《ふる》い考え方」には修正が必要

中国に関しては、習近平《しゅうきんぺい》氏の頭のなかで、どうしても「軍事的拡張」と「経済的拡張」が一緒《いっしょ》になっている部分があるように見えますが、これは、旧《ふる》い時代の考え方なのです。

要するに、それは、「重商主義」、それから、帝国《ていこく》主義的な「植民地主義」の時代の考え方と重なるようなものであり、非常に旧い考え方だと思います。彼の経済学は後《おく》れており、旧い考えであるので、これは修正をしてもらう必要があるのです。

やはり、私は、中国という大きな国が平和裡《り》に変化していくことを望んでいます。

歴史認識を改めるべきアメリカ

今、アジア諸国から日本に対し、「何らかの力の一端《いったん》を担《にな》ってほしい」という声が出てきているとともに、アメリカの主体性が非常に薄《うす》くなっている時代でもあります。

例えば、アメリカの民主党で、次の大統領候補の一人とされるヒラリー・クリントンでさえ、韓国《かんこく》の言うことを真《ま》に受けて、「先の大戦で日本は、韓国人の女性を『セックス・スレイブ（性的奴隷《どれい》）』として二十万人も南方戦線等に送りつけた」という情報を、そのまま信じているような状態です。

これでは、日本の主張など、何も信用しないでしょう。

こちらとしては、「『アメリカが、黒人奴隷をアフリカから買い付けて、自分たちの繁栄のためにこき使っていた』ということと同じにされたら困る」と言っているのですが、どうも理解されません。おそらく、その従軍《じゅうぐん》慰安婦《いあんふ》問題を、先の大戦の合理化・正当化に使いたいというところもあるのだと思われます。

ただ、そろそろアメリカは、間違《まちが》いを間違いとして、一部認めるべきではないでしょうか。

アメリカが日本を攻撃《こうげき》して占領《せんりょう》したことによって、その後、世界に起きたことはいったい何であったのかを、よく見てほしいのです。

例えば、ソ連という国家が巨大化《きょだい》し、なかでは激しい粛清が行われ、弾圧《だんあつ》的な全体主義国家になりました。さらには、中共《ちゅうきょう》(中国共産党)の率《ひき》いる中国が巨大化して弾圧的国家になったわけです。

また、朝鮮《ちょうせん》戦争が起き、北朝鮮では非常に悲惨《ひさん》な状態が続きましたし、ベトナム戦争でも同じようなことがありました。

やはり、その後の時代の流れを見るかぎり、アメリカにも反省すべきところはあったのではないかと思います。

同盟国としての誼《よしみ》を続けていくためにも、歴史は、お互《たが》い両面から見て清算しなければいけないのではないでしょうか。

ベトナム戦争におけるアメリカの攻撃

ベトナム戦争で爆弾を投下するアメリカ空軍の戦略爆撃機ボーイングB-52（写真上）。当時、アメリカ軍はベトナム各地にナパーム弾（焼夷弾）を大量投下（写真下）。発火すると超高温となり、かつ消火が困難な燃料でできているナパーム弾は広範囲を焼き尽くし、多数の民間人が死亡。残酷で非人道的との国際的批判を浴び、アメリカはナパーム弾を廃棄した。

7　法律のために人間があるのではなく、人間のために法律がある

勇気を持って、信仰心《しんこうしん》に基《もと》づいた正義を実現せよ

今、私《わたくし》たちに必要なものは、天上界《てんじょうかい》の神仏の声を聞く勇気、受け入れる勇気、また、信仰心《しんこうしん》に基《もと》づいて善悪を判断し、正義を実現していく勇気だと思っています。

五年前の二〇〇九年五月に幸福実現党という政党をつくり、政治活

動も行っていますが、まだ、そちらのほうでは、日本の一パーセント、二パーセントの人を動かすのにも、なかなか十分ではない状況《じょうきょう》です。

しかしながら、その周りには、うっすらとではありますけれども、「日本全体の空気を動かそう」としている力が、緩《ゆる》やかに働いてきていることも事実でしょう。今、いろいろな人々の考え方のなかに、緩やかに浸透《しんとう》していきつつあるわけです。

ここで、私たちは踏《ふ》みとどまって、「神の声を信じ、それを地上に実現することができるかどうか」が問われていると思うのです。神を信じていない国、唯物論《ゆいぶつろん》の国に負けてはなりません。

中国の憲法には「信教の自由」も「言論・出版の自由」も書かれ

ているのですが、まったく行われていません。それは、「法治国家《ほうちこっか》」ではなく「人治国家《じんちこっか》」だからです。つまり、指導者の考え方によってどうにでもなるのです。

中国に占領《せんりょう》されている各自治区の人たちからは、今、幸福実現党を頼《たよ》って、数多くの相談がなされていますけれども、やがて、先ほど述べたようなアジア諸国も同じ

2009年7月、新疆ウイグル自治区ウルムチ市内で起きた暴動に対し、中国当局は3万人の武装警察部隊等を動員、力による鎮圧を図った。

ような現象を起こしてくると思われます。

安倍《あべ》首相がはっきりと物事を言えずにモゴモゴと言いながら、何とかマスコミに叩《たた》かれないようにしようと言い逃《のが》れをしているところを、幸福の科学では、もう少し単刀直入《たんとうちょくにゅう》に、「やはり、こうすべきではないか」と言えるようにしたいと考えています。

神仏の正義の下《もと》に、愛を具体化せよ

法律を守ることは大事です。ただ、「法律のために人間があるのではなく、人間のために法律があるのだ」ということは、忘れてはなりません。

法治国家あるいは立憲主義は大事であるとは思います。「憲法の下《もと》に、あらゆる法律や活動があるべきだ」という考えは大事だと思うのですが、「国民がなくなっての『憲法』というのはありえないのだ」ということも知っておかなければならないでしょう。

だからこそ、「国民を護《まも》り、世界の平和に寄与《きよ》する」という一点を貫《つらぬ》くべきであって、そのなかで、私たちは、「愛の行為《こうい》とは何であるか」

『法哲学入門』（幸福の科学出版）

ということを具体的につかみ取らなければいけません。

そして、その愛の行為が、同時に「神仏の願う正義」とも一致《いっち》していくように努力していくべきではないでしょうか。

今、そういうことを言える団体が、この世に必要なのだと思います。

8　日本の誇《ほこ》りを取り戻《もど》し、信仰《しんこう》を取り戻せ

私たちの力は、この世的に見たらまだ小さいものです。しかし、その影響力《えいきょうりょく》は、うっすらとではありますが、日本だけでなく海外にまで広がりつつあります。

やはり、何とか、もう一段、大きな力となって、世界に対して影響力を発揮できる幸福の科学になりたいですし、また、政治分野としての幸福実現党になりたいと考えています。

ただ、これに対しては、まだ大きな大きな偏見《へんけん》が残っています。「信教の自由」は認めながらも、宗教団体が政治権力を行使するのはよろしくない、という憲法の規定（憲法第二十条一項）もあるわけです。

しかし、憲法を改正するのであれば、こちらも併《あわ》せて変えていただきたいのです。

「宗教団体が政治活動をするのは何ら差し支《つか》えはない」と書いていただきたい。こちらも一緒《いっしょ》に変えておきたいと思います。

これがあるために、新聞やテレビ等のマスコミは、宗教の活動について報道しないようにしているわけです。しかし、はっきり申し上げて、これは「職業における差別」ではないでしょうか。つまり、職業の種類によって差別をしているということです。「ほかのものであれば、政治活動をしても構わないにもかかわらず、宗教だけはしてはいけない」というのはおかしいでしょう。

むしろ、旧《ふる》い宗教であればあるほど政治性があります。「『神の言葉』を、この世において、宗教を通じて実現せよ」となったら、必ず政治活動になるのです。

そういう意味では、宗教と政治について、歴史的な観点からも理解できていない証拠《しょうこ》だと思います。

いずれにせよ、私たちはもっと強くなければなりません。

本章では、「愛が時代を動かす」というテーマで述べてきましたが、私は、この日本が、少なくとも、自国の位置するアジア・オセアニア地域の平和維持《いじ》のために、力を行使できる国にならなければならないと思います。また、できるならば、全世界に対しても意見が言えるような国に変えたいと考えています。

それは、「日本を取り戻《もど》す」というだけではなく、「日本の誇《ほこ》りを取り戻す」ということであり、「信仰《しんこう》を取り戻す」ということです。それが大事なことであると訴《うった》え、本章を終えたいと思います。

あとがき

新しい形の愛は、歴史への智慧《ちえ》を含んでいる。
私は今、歴史を創造する現場に立っている。
これを「神の声」だと思って、日本の針路を考えるがよい。
勇気と断行する力と、隣人愛としての世界への愛が必要だ。
未来はまだまだ変えられる。新しい時代の預言者は、「予言」を超えた力をも持っている。今、愛の神がこの地球に再臨《さいりん》しようとしているのだ。

二〇一四年　五月二十日

幸福《こうふく》の科学《かがく》グループ創始者兼総裁《そうししゃけんそうさい》　大川隆法《おおかわりゅうほう》

『自由の革命』大川隆法著作関連書籍

『忍耐の法』（幸福の科学出版刊）
『朝の来ない夜はない』（同右）
『忍耐の時代の経営戦略』（同右）
『ユートピア創造論』（同右）
『法哲学入門』（同右）
『オバマ大統領の新・守護霊メッセージ』（同右）
『プーチン大統領の新・守護霊メッセージ』（同右）
『小保方晴子さん守護霊インタビュー　それでも「ＳＴＡＰ細胞」は存在する』（同右）
『「嫉妬・老害・ノーベル賞の三角関数」守護霊を認めない理研・野依良治理事長の守護霊による、ＳＴＡＰ細胞潰し霊言』（同右）

『フロイトの霊言』（同右）
『「ユング心理学」を宗教分析する』（同右）
『国家社会主義とは何か』（同右）

自由《じゆう》の革命《かくめい》 ——日本の国家戦略と世界情勢のゆくえ——

2014年 5 月29日　初版第 1 刷

著　者　　大《おお》 川《かわ》 隆《りゅう》 法《ほう》

発行所　　幸福の科学出版株式会社

〒107-0052 東京都港区赤坂 2 丁目 10 番 14 号
TEL(03)5573-7700
http://www.irhpress.co.jp/

印刷・製本　株式会社 東京研文社

落丁・乱丁本はおとりかえいたします

ISBN978-4-86395-474-8 C0030

Photo: アフロ/AFP＝時事／読売新聞/アフロ／ロイター/アフロ／ AP/アフロ／
Yonhap/アフロ／内閣官房内閣広報室／時事／共同通信社／ Whym

大川隆法 ベストセラーズ・幸福実現党が目指すもの

幸福実現党宣言

この国の未来をデザインする

政治と宗教の真なる関係、「日本国憲法」を改正すべき理由など、日本が世界を牽引するために必要な、国家運営のあるべき姿を指し示す。

1,600円

政治と宗教の大統合

今こそ、「新しい国づくり」を

国家の危機が迫るなか、全国民に向けて、日本人の精神構造を変える「根本的な国づくり」の必要性を訴える書。

1,800円

政治革命家・大川隆法

幸福実現党の父

未来が見える。嘘をつかない。タブーに挑戦する──。政治の問題を鋭く指摘し、具体的な打開策を唱える幸福実現党の魅力が分かる万人必読の書。

1,400円

大川隆法 霊言シリーズ・**最新刊**

スピリチュアル・メッセージ 曽野綾子という生き方

辛口の言論で知られる保守系クリスチャン作家・曽野綾子氏。歴史認識問題から、現代女性の生き方、自身の信仰観までを、守護霊が本音で語る。

1,400円

「失楽園」のその後

痴の虚人 渡辺淳一直伝

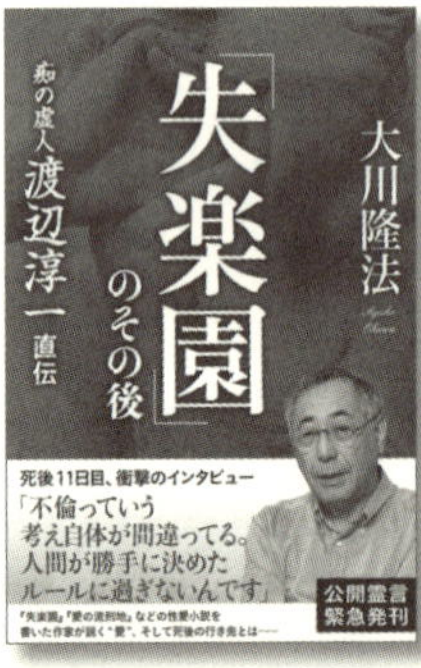

『失楽園』『愛の流刑地』など、男女の性愛を描いた小説家・渡辺淳一は、あの世でどんな世界に還ったのか。死後11日目の衝撃のインタビュー。

1,400円

ダークサイド・ムーンの遠隔透視

月の裏側に隠された秘密に迫る

特別装丁
函入り

地球からは見えない「月の裏側」には何が存在するのか？ アポロ計画中止の理由や、2013年のロシアの隕石落下事件の真相など、驚愕の真実が明らかに！

10,000円

※表示価格は本体価格（税別）です。

幸福の科学グループのご案内

宗教、教育、政治、出版などの活動を通じて、地球的ユートピアの実現を目指しています。

宗教法人　幸福の科学

一九八六年に立宗。一九九一年に宗教法人格を取得。信仰の対象は、地球系霊団の最高大霊、主エル・カンターレ。世界百カ国以上の国々に信者を持ち、全人類救済という尊い使命のもと、信者は、「愛」と「悟り」と「ユートピア建設」の教えの実践、伝道に励んでいます。

（二〇一四年五月現在）

愛

幸福の科学の「愛」とは、与える愛です。これは、仏教の慈悲《じひ》や布施《ふせ》の精神と同じことです。信者は、仏法真理をお伝えすることを通して、多くの方に幸福な人生を送っていただくための活動に励んでいます。

悟り

「悟り」とは、自らが仏の子であることを知るということです。教学《きょうがく》や精神統一によって心を磨き、智慧《ちえ》を得て悩みを解決すると共に、天使・菩薩《ぼさつ》の境地を目指し、より多くの人を救える力を身につけていきます。

ユートピア建設

私たち人間は、地上に理想世界を建設するという尊い使命を持って生まれてきています。社会の悪を押しとどめ、善を推し進めるために、信者はさまざまな活動に積極的に参加しています。

国内外の世界で貧困や災害、心の病で苦しんでいる人々に対しては、現地メンバーや支援団体と連携して、物心両面にわたり、あらゆる手段で手を差し伸べています。

年間約３万人の自殺者を減らすため、全国各地で街頭キャンペーンを展開しています。

公式サイト **www.withyou-hs.net**

ヘレン・ケラーを理想として活動する、ハンディキャップを持つ方とボランティアの会です。視聴覚障害者、肢体不自由な方々に仏法真理を学んでいただくための、さまざまなサポートをしています。

公式サイト **www.helen-hs.net**

教育

学校法人 幸福の科学学園

学校法人 幸福の科学学園は、幸福の科学の教育理念のもとにつくられた教育機関です。人間にとって最も大切な宗教教育の導入を通じて精神性を高めながら、ユートピア建設に貢献する人材輩出を目指しています。

幸福の科学学園

中学校・高等学校（那須本校）
2010年4月開校・栃木県那須郡（男女共学・全寮制）
TEL **0287-75-7777**
公式サイト **happy-science.ac.jp**

関西中学校・高等学校（関西校）
2013年4月開校・滋賀県大津市（男女共学・寮及び通学）
TEL **077-573-7774**
公式サイト **kansai.happy-science.ac.jp**

幸福の科学大学（仮称・設置認可申請中）
2015年開学予定
TEL **03-6277-7248**（幸福の科学 大学準備室）
公式サイト **university.happy-science.jp**

仏法真理塾「サクセスNo.1」 TEL **03-5750-0747**（東京本校）
小・中・高校生が、信仰教育を基礎にしながら、「勉強も『心の修行』」と考えて学んでいます。

不登校児支援スクール「ネバー・マインド」 TEL **03-5750-1741**
心の面からのアプローチを重視して、不登校の子供たちを支援しています。
また、障害児支援の**「ユー・アー・エンゼル!」**運動も行っています。

エンゼルプランV TEL **03-5750-0757**
幼少時からの心の教育を大切にして、信仰をベースにした幼児教育を行っています。

シニア・プラン21 TEL **03-6384-0778**
希望に満ちた生涯現役人生のために、年齢を問わず、多くの方が学んでいます。

NPO
活動支援

学校からのいじめ追放を目指し、さまざまな社会提言をしています。また、各地でのシンポジウムや学校への啓発ポスター掲示等に取り組むNPO「いじめから子供を守ろう！ネットワーク」を支援しています。

ブログ **mamoro.blog86.fc2.com**
公式サイト **mamoro.org**
相談窓口 **TEL.03-5719-2170**

政治

幸福実現党

内《ない》憂《ゆう》外《がい》患《かん》の国難に立ち向かうべく、二〇〇九年五月に幸福実現党を立党しました。創立者である大川隆法党総裁の精神的指導のもと、宗教だけでは解決できない問題に取り組み、幸福を具体化するための力になっています。

党員の機関紙
「幸福実現NEWS」

TEL 03-6441-0754
公式サイト hr-party.jp

出版メディア事業

幸福の科学出版

大川隆法総裁の仏法真理の書を中心に、ビジネス、自己啓発、小説など、さまざまなジャンルの書籍・雑誌を出版しています。他にも、映画事業、文学・学術発展のための振興事業、テレビ・ラジオ番組の提供など、幸福の科学文化を広げる事業を行っています。

アー・ユー・ハッピー？
are-you-happy.com

ザ・リバティ
the-liberty.com

幸福の科学出版
TEL 03-5573-7700
公式サイト irhpress.co.jp

THE FACT

ザ・ファクト
マスコミが報道しない
「事実」を世界に伝える
ネット・オピニオン番組

Youtubeにて
随時好評配信中！

ザ・ファクト　検索

入会のご案内

あなたも、幸福の科学に集い、ほんとうの幸福を見つけてみませんか？

幸福の科学では、大川隆法総裁が説く仏法真理をもとに、
「どうすれば幸福になれるのか、また、
他の人を幸福にできるのか」を学び、実践しています。

入会

大川隆法総裁の教えを信じ、学ぼうとする方なら、どなたでも入会できます。入会された方には、『入会版「正心法語」』が授与されます。（入会の奉納は1,000円目安です）

ネットでも**入会**
できます。詳しくは、
下記URLへ。
happy-science.jp/joinus

三帰《さんき》誓願《せいがん》

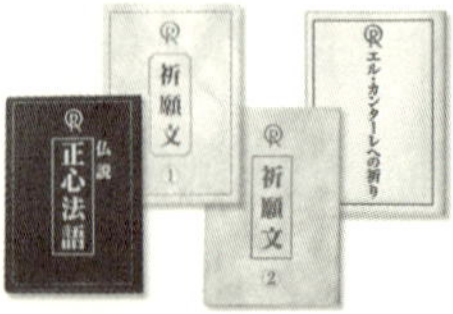

仏弟子としてさらに信仰を深めたい方は、仏・法・僧の三宝への帰依を誓う「三帰誓願式」を受けることができます。三帰誓願者には、『仏説・正心法語』『祈願文①』『祈願文②』『エル・カンターレへの祈り』が授与されます。

植福《しょくふく》の会

植福は、ユートピア建設のために、自分の富を差し出す尊い布施の行為です。布施の機会として、毎月1口1,000円からお申込みいただける、「植福の会」がございます。

「植福の会」に参加された方のうちご希望の方には、幸福の科学の小冊子（毎月1回）をお送りいたします。詳しくは、下記の電話番号までお問い合わせください。

月刊「幸福の科学」

ザ・伝道

ヤング・ブッダ

ヘルメス・エンゼルズ

INFORMATION

幸福の科学サービスセンター
TEL. 03-5793-1727（受付時間 火〜金：10〜20時／土・日：10〜18時）
宗教法人 幸福の科学 公式サイト **happy-science.jp**